SILVESTRE MELANIO ACUÑA

LA VIDA ES UNA CREACIÓN

Primera edición: enero, 2024

Rapitbook Editorial
07009 Palma de Mallorca
www.rapitbook.com

ISBN: 978-84-128037-2-3

Título: La vida es una creación
Autor: Silvestre Melanio Acuña

Edición: Andrés Cárdenas

Impresión y encuadernación: Impresrapit
www.impresrapit.com

Impreso en España - *Printed in Spain*

Iniciar este camino hacia la vida mensajera, compartiendo la lectura en sentir infinito y llegue a cada corazón que tome este pequeño libro que abre puertas al mundo exterior.

Lo quiero dedicar a mi familia, los que hicieron posible inspirarme en este hermoso camino en la que me encuentro. Compartiendo este libro para caminar juntos por sendero del romanticismo y la lectura.

Esperando que podéis abrir su corazón para leer: Nela Apetroaie, Rihanna Grace Acuña Apetroaie, Ingrid Thalía Acuña Bendezu y mi nieta Sophia Daneska Acuña Bendezu.

ÍNDICE

NO QUIERO SEGUIR LLORANDO

No, no quiero seguir sufriendo
recordando tu amor perdido,
allí en lo intenso de mis vicisitudes,
entre rayos y relámpagos hundido,
lado oscuro de tu lejano ayer,
mis lágrimas caen como lluvias,
humedeciendo mis sentimientos.

Cruel penuria regenta mi existir,
bajo las brumas de mis penas negras,
mi alma llorando está esperando
que al amanecer llegues a mis brazos,
delicada flor que crece sola,
en las entrañas de mi tierra querida
tus pasos dejan huellas al zarpar,
en hondas olas al despedirte sin parar,
callejera doncella, dueña única del ayer.

CAUTIVASTE MI VIDA

Cautivaste mi corazón,
cautivaste mi vida entera,
con tu belleza y hermosura
cual paloma sin compasión.

De tus vuelos clamaría
mi corazón enamorado,
gritaría su amor ignorado
y en silencio sufriría.

En las noches lloraría
caminando por las calles,
esperando el mañana si no vienes,
con mis penas gritaría.

Las mañanas frías como estás,
no esperaría amarte como ayer
obligando a mi corazón sin recetas.

EL PRIMER DÍA

Desde el primer día que te vi,
mis ojos eligieron tu amor para mí,
al mirar tus ojos mi alma
bucea en mis tristezas,
aquel lugar de mis semblanzas
es testigo y amigo del desafío,
grito tu nombre en silencio
lamentando mi desdicha,
al no tenerte a mi lado.

Mi castigo será derramar lágrimas,
imaginando tu hermoso rostro,
recostado en mi cama
acariciando aquella almohada
que compramos
al mercader que ofrecía.

Recuerdo tanto tus risas y alegría,
la belleza de tus labios
que al mirarme con alegría duerme,
sonriendo entre las flores
de aquel jardín olvidado por tu amor.

TE DEJARÉ

Te dejaré, yo me iré
lejos, muy lejos, yo me iré,
no llores más por mi amor,
yo te amé, pero se acabó,
¡se acabó, no llores más!

¡No llores!, yo me iré
lejos, muy lejos, de ti
a olvidar mis sufrimientos,
mis tristes penas que pasé,
al entregarte mi corazón.

He decidido dejarte sola
para olvidar mis tristezas,
cuando mi amor quiso ser
tu eterno amor por siempre.

Me iré lejos, muy lejos,
para olvidar, y no llorar tu amor,
encontraré nuevo amor
que sepa quererme tanto.

Yo no te guardo rencor,
porque te amé, con toda mi alma,
te dejaré por mi ausencia
muy lejos de tu lado me iré
para olvidar tu desprecio.

MI CORAZÓN SINCERO

Mi amor está cerca de ti,
ábreme la puerta de tu corazón,
vengo de paso a saludarte
porque te quiero, mi bella luz.

Ya pidieron la mano a Dios
de tu hermoso corazón,
para llevarte conmigo donde voy,
para amarte y adorarte.

Porque te quiero tanto
es mi amor que te ofrezco,
vengo solitario lleno de amor.

Te extiendo la mano
y entrego mi corazón sincero,
para amarte y adorarte
hasta que nos separe la muerte.

CAMINO OSCURO

No quiero sufrir recordándote,
no quiero llorar mirando el ayer,
mirando tus ojos que no están,
tus sonrisas que ya no se ven,
por más que grite y mis ojos lloren,
ya no volverás a alegrar mi corazón,
porque duermes profundamente
tus hermosos ojos ya no brillan,
mi camino se hizo más oscuro, sin ti,
miro el cielo aún, no te encuentro.

Las penas profundas ahogan mi llanto,
salgo, gritando tu nombre sin consuelo,
miro los rincones de nuestro hogar,
miro las esferas de la luna en el cielo,
imagino cosas sin respuestas, al llegar
compré rosas blancas y rojas,
he llegado tan pronto, no estás, amor,
bajo mis llantos escribo sobre las hojas
los versos más hermosos de aquel verano
cuando nos conocimos y no fue en vano.

Nuestro amor perduró, muchos años
imaginé que envejeceríamos juntos,
pero el camino tuyo fue más corto, amor,
recuerdo tus palabras, que nos cuidamos,
¿qué pasará si no cumplimos con nuestras promesas?
Aquellas promesas quedaron en las alas del juramento,
y el olvido cuando partiste.
En las alas de la muerte dejando huellas,
profundas en nuestras almas tristes,
querer olvidarte cuando te quisimos tanto,
vivirás eternamente en mi corazón.

NO PUEDO OLVIDARTE

Cuando te conocí en aquel invierno
me enamoré perdidamente,
no puedo olvidarte, estás aquí,
en las entrañas de mi pecho,
cada vez que vuelvo al lugar
en mi imaginación, te quiero,
de tus besos me acuerdo
cuando el deseo de amarte
llega como el aguacero a tocar
mis labios humedecidos,
mi alma que siente el sabor
de tus labios hermosos y dulces,
he bebido el sabor de tu amor
en mis mañanas con ilusión,
el recuerdo de tu hermoso rostro
se enciende en mi corazón,
cuánto lamento no tenerte
como aquellos días junto a mí,
recostada junto a mi pecho enamorado,
cuánta nostalgia me embarga, saber que
ya no estás junto a mí, alegrándome la vida,
alegrándome los días por vivir.

VOLAR CONTIGO

Al escuchar tu canto, torcacita,
quiero volar contigo lejos,
olvidar mi pasado, olvidar mi dolor,
iniciar una nueva vida junto a ti.

Buscando nuevos rumbos,
nuevos caminos, nuevos cielos
donde disfrutar de los vuelos,
que nuestros cantos sean de Dios.
Sean tus ojos dos luceros,
junto a tu rostro pintado
en mi lienzo blanco gastado,
entre coplas y amores sinceros.

Doncellas halagadas en mi vida,
mis suspiros encallados,
tenga encantos alejados,
por sus delirios penas a la vida.

Al escuchar tu trinar, torcacita,
mi voz se convierte en mensaje,
cuando llegas triste a mi casita.

SOLO POR TI

Si no estoy contigo, amor,
es porque me fui de tu lado,
dejé mis huellas atadas
a tu recuerdo inconsciente.

Por prometer consentí
el trémulo refugio escondido
de mi alma, fugitivo y perdido
en los pasos de mi vida pasajera.

Volver a tu lado por ti
confundido y atormentado,
presumiendo llegar a tu lado
como un mendigo sin amor.

Cumplir tus promesas engañosas
que ayer se consumieron,
mientras lloraba al recordar
mi amor en recuerdos vanos.

POR QUÉ TE VAS

Sabías que te quería,
¿por qué te vas de mi lado?,
sabías que te amaba,
¿por qué te vas de mi lado?

Sabiendo que te quería,
me dejaste llorando,
¡para qué quiero esta vida
si no estás a mi lado!

Preferiría la muerte
si tú no estás a mi lado,
para no seguir sufriendo
por amarte, por quererte.

Sabías que yo te quiero,
¿por qué te fuiste de mi lado?,
juraste quererme siempre,
¿por qué te fuiste pretenciosa?

POR TU AMOR

Acuérdate de mi alma
cuando todavía vivo,
ven a recibir mi amor,
quiero sentirte en mis brazos,
tocar tus manos, mirar tus ojos,
sentirme halagado por tu amor,
acariciar la vida junto a ti
sería volver a vivir contigo,
con tu suave voz ablandar mis penas,
las penas que gritan la vida,
como los beneficios, el dolor,
hablan las tristezas del amor,
como las estrellas titilantes,
cuando el amor se fue de aquí,
cual estrella oscilante sin razón,
allí quiero soñar contigo,
olvidar todo lo pasado, por ti,
la vida entera junto a ti,
viviendo el presente feliz,
que mis proyectos sean testigo
de tu maravilloso corazón, amor.

SALTO DEL FRAILE

En aquella playa chorrillana,
junto al salto del Fraile,
te esperé y no apareciste,
miraba el horizonte
de aquella playa hermosa,
imaginando tu rostro
dibujaba en la arena tus ojos,
para adornar tus lindos labios,
sentía acariciar las brisas
imaginando tu presencia,
y nunca llegaste a mi lado,
caminé, caminé por la centella
acariciando mi tristeza,
sin saber nada de ti, amor mío,
volví al lugar cuantas veces pude,
nunca apareciste,
mi corazón sangraba de pena,
al recortar tu hermosura ajena,
¡quizá nunca me quisiste!,
¡quizá ya te olvidaste de mí!,
dejé una carta sobre la arena,
¡quizá la marea no llegue a ella!,
y encuentres al caminar rellena,
mi voz habla en silencio,
al venir de lejos por quererte
espero encontrarte y verte,
por si al llegar estuvieras en ello
como esa brisa fresca llegaba
a envolverme en recuerdos.

BAILE DEL ALMA

Qué bien baila esa viejita,
mueve la cadera,
mueve la rodilla, Angelita,
mueve la cabeza,
mueve el esqueleto
como una marioneta.
Baila la vieja,
los huesos le crujen
como hierros viejos
de una marioneta anclada,
escondida en el centro
de bailarines desapercibidos,
en sus emociones está
la música pegadita,
moviendo el cuerpo al son
de la contagiante melodía.
Mueve el cuerpo de maravilla,
en los estrados de esta villa
mueve sus huesos la capitana,
contagia alegría con hidalguía,
rebosante con plenitud,
la presencia de su alegría
mueve su alma rejuvenecida
escondida en el centro.

CÓMO OLVIDAR

Cómo olvidar tus lindos ojos,
tus lindos labios de carmín,
los que bese un día al atardecer
junto al cielo azul cuando está lejos.

Quería morir de pena al recordarte,
como olvidar tu lindo rostro, cómo olvidar tu risa
cómo olvidar tu alegría.

Como olvidar aquellos días
felices por lo que viví contigo
como olvidar los años vividos
abrazando la vida sin despedidas.

Cómo olvidar tus enojos,
cuando no reía contigo,
fiesta no hacías conmigo
mi paz abría, tu sonrisa.

De esas cosas nace el amor,
para formar su raíz sin prisa
con tu hermosa sonrisa,
la vida de dos en su candor.

MI JARDÍN PRIMAVERAL

Espérame, amor,
en la puerta de tu casa,
justo cuando raye la luz de la luna,
vendré a cantarte.

Aquella canción
que escribí para ti en verano,
recogí hermosas flores
en mi jardín primaveral.

Aquí las traigo con mi serenata,
cantando con mi guitarra,
compañera y hermana tuya,
de tocar sus melodías bravías.

Vengo a cantar junto a tu ventana
esta canción que nació con amor
dentro de mi pecho
junto a mi corazón,
espero verte al escuchar esta canción.

OCÉANO CALLADO

Cuando mi corazón
deje de latir, me habré ido,
como los jilgueros,
de su nido a buscar paz,
del océano callado,
junto a las nubes blancas
formar figuras imposibles,
quizá entre ellas te diga algo,
para que me recuerdes
en tus sueños invernales,
y tus lágrimas sean lluvias,
mi camposanto rieguen
cuando ya no esté a tu lado
para abrigarte con mis besos,
para acariciar tu rostro,
para acariciar tus manos,
tu cabello blanco y gris,
susurrándote al oído que te amo,
serán tus recuerdos mi adiós,
serán mis besos tu ilusión,
mi sonrisa pintada en aquel cuadro
será tu compañera donde vayas,
cobijarte podrás en mis ancas,
cual gineta con sueños truncados.

PENA PERDIDA

¿Dónde se fueron los recuerdos
a llorar su triste pena ya perdida?,
bajo los ríos turbios y una piedra caída,
truenan en estruendos llantos.

Los quebrantos del alba perdida
de aquel viejo caminante sin destino,
su huella a dejar viene el parisino,
sobre el marfil tallado de pasada.

Sus penas y tristezas han de quedar
impregnadas en incómodos trastos,
del obrero tenebroso sin restos,
donde se fueron sus alegrías.

Sellaron sus llantos, perdidos ayer,
al despertar recordé mi desdicha,
me escapé a soñar despierto.

VOZ SUBLIME

Mi alegría nace
desde el fondo
de mi corazón
dormido en silencio.

Como los relámpagos
furtivos e incandescentes,
ilumina tu rostro inocente
esa luz desde ya puesta.

Mi felicidad crece
cual nube fugitiva,
transforma figuras
en aquel lienzo azul.

De estrellas matinales,
de esmeraldas y rubíes,
cual paloma mensajera,
tu voz sublime que enamora.

Junto al mar cristalino
un «te quiero» vuela.

NUESTRA POESÍA

Recurriendo nuevamente
por el rincón de mis sueños,
vividos en aquellos años
observando solemnemente.

El vacío pueblo... nostálgico
que hipnotiza nuestra poesía,
sublimes llantos que parecían
chasquidos solitarios y mágicos.

Mis sueños no devengan solo
en cenizas y llantos convertidos,
en poemas y cantos divertidos,
mi ilusión en nostalgia voló.

Allí donde mis sueños quedaron
en tristes canciones del pasado,
tus recuerdos viven agazapados
a mis plegarias, siempre llorando.

GUITARRA, COMPAÑERA MÍA

Guitarra, me voy temprano,
con el corazón herido,
de tanto dolor y engaño
abrazando mis penas.

Guitarra, compañera en mi dolor,
tú que te dejas tocar
en tus notas mi tristeza
y alegría cuando mi corazón llora.

Mis recuerdos llegan ahora,
cuando tú no estás aquí,
abrazando mi dolor tu amor,
es el recuerdo que cabalga.

Cual centurión en guerra,
siempre hidalgo y compañero,
en mi partida recuerdo tu nombre,
susurrando canto mis penas.

SAN VALENTÍN

Llegó el momento deseado
a tus tiernos brazos,
el ramillete de hermosas flores,
para adornar tu corazón,
por ser día de San Valentín,
que siempre llega sin fin
a mezquinar el amor con razón,
quizá también llegue a tu puerta
cargado de rosas y una carta,
para celebrar nuestro día
son comprensibles los halagos
cuando llega el trajinar de atajos,
mes de febrero, día de San Valentín,
que causa mucho fulgor con amor,
derrama alegrías junto a Cupido,
el bandido que quiere muchos
niños a su merced y compañía,
amor, cuánto se regala este día,
aquella mañana hermosa y ajena
que describe soledad en tus ojos,
no es posible la tristeza lejana
cuando a tu lado estoy amándote
acariciando tu rostro hermoso,
como la suave faz de una rosa
al mirar tu sonrisa imagino tus besos,

día especial de la amistad,
los recuerdos llegan a mi mente
cuando te prometí mi amor,
te di la mano y pedí
que fueras mi enamorada,
es así como nació nuestro amor,
nos amamos con pasión
recordando a diario nuestra amistad,
que es duradera, eterna, con ilusión,
Cupido debe estar muy feliz al vernos,
juntos, amándonos, sin odio ni rencor,
así ha de ser por siempre nuestro amor.

NECESITO TU AMOR

Necesito tu amor
para seguir viviendo
en tu corazón, amor,
ven conmigo a vivir,
aprenderás del amor
para ser grandes amantes,
no queremos en la vida
manuscritos ni consejos.

Necesito tu amor
para seguir queriendo,
para seguir amando,
y tener tu belleza junto a mí,
mi gran amor, mi razón de vivir.

Te necesito junto a mí,
necesito tu cariño
para seguir viviendo,
te necesito, amor, te necesito.
Paso las noches soñando
con tu amor y tu belleza,
escribiría mil historias divinas
en las notas de tu diario vivir.

PROMESAS Y JURAMENTO

Por tus ojos negros,
por tus labios rojos,
yo ando llorando
en mis noches tristes,
yo ando sufrido
en mis noches inexistentes.

Solo con el sueño podría
yo olvidarte, cariño mío,
tus lindos recuerdos los llevo
grabados dentro de mi pecho.

Caricias y besos fueron sueños
nuestros,
llenos de esperanza y amor,
los amores tiernos
y las promesas que hicimos,
de nunca separarnos.

Por eso te digo: «adiós, cariño,
¡no llores! , ¡no llores
cuando yo me haya ido,
lejos de tu lado
para nunca volver!».

SÉ QUE ERES

El silencio se aviva
al mirar tus ojos
porque sé que eres
la estrella que brilla altiva,
eres el eco que se oye lejos,
eres el manantial que alivia sed,
eres pequeña luz que ilumina
mi mañana oscura,
eres la alegría incesante,
eres el remedio que cura
mis penas al mirarte sonreír,
pequeña flor de mi jardín,
tus pasos agigantados
patrocinan mi camino
al guiarme cual paloma mensajera,
brillas como la luna
acompañada de estrellas,
matizas el diario de la vida,
con tu sonrisa bendecida
la felicidad en la unidad.

CANCIÓN A LA MUERTE

Que me lleve la muerte,
¡que me lleve lejos!,
donde nadie me encuentre,
antes que tu odio y tu rencor,
me maté con el olvido.

Que me lleve la muerte,
que me lleve lejos,
¡donde nadie me encuentre!,
ni mi cuerpo inerte.

Que me lleve la muerte,
¡que me lleve, en silencio!,
antes que me encuentres
tirado en tus sábanas blancas.

Que me lleve la muerte,
que me lleve lejos,
donde exista un corazón
sobre granos de arena.

Que me lleve la muerte,
que me lleve lejos
y nos una sobre mi corazón,
para no verte llorar
junto a mi cuerpo inerte.

ALMA GEMELA

No quiero fingir quererte
por ser tú mi alma gemela,
que llena alegría fatigante,
amor eres tú, el aire
que alimenta mi alma,
eres tú el agua que calma
mi sed de amor urgente.

No presumo amarte
porque sé que mi corazón
te pertenece con razón,
al tomar tu mano y llevarte.

En las entrañas de mi existir,
divino amor eres sueño
existente en mi empeño,
seguir amándote es desistir.

PASIÓN INCONTENIBLE

Las mañanas junto a ti,
es hermoso despertar
acariciando tu belleza,
sentir el latido de tu corazón
abrazando mi pasión,
alegro mi corazón con tu risa,
pronuncio tu nombre
en mi soledad atormentado,
por las noches miro las estrellas
en el horizonte,
son tus ojos dos luceros
que iluminan mi amanecer,
son tus labios que calman
mi sed, tu belleza mi pasión,
luz incandescente de mis sueños,
sórdidos llantos incólumes,
pasión incontenible sobre mi amor,
ligera canción en volúmenes.

TÚ ERES LA MUJER QUE ME FALTA

Eres tú la mujer de mis sueños,
la que alivia mis penas con tu sonrisa,
eres tú la que un día llegó a mi vida
y cambió el rumbo de mi destino,
con tu sonrisa, tu mirada angelical,
cautivaste mi vida en cada instante,
¡eres tú la mujer que más amo!,
en las aras de mi vida umbilical,
mi alma se sumerge lentamente
en las austeras líneas de la vida,
mientras te conviertes, compañera mía,
la felicidad llega a nuestro hogar
abrazando nuestros brillos sin tocar
las holguras de nuestro destino
mientras miro tus ojos brillar de alegría,
pudo tu sonrisa cautivar mi corazón,
por ser mi compañera legendaria,
por mi corazón que te pertenece,
eres tú mi motivo, mi razón de vivir,
compañera mía, mi alma entera,
eres motivo de mi existir placentero,
por tu razón, alegría estás tú
junto a mí, coquetona paloma mía,
vives alegrando mi vida diariamente,
mientras mis ojos divisan tu rostro.

TE BUSCARÉ

Buscaré amor en las pilas sacrosantas,
allí donde estés te encontraré,
te llamaré en un momento,
añadiré el silencio a mi amor,
hasta que vuelvas a mi corazón.

Te buscaré bajo los atajos y espinos,
al encontrarte, amor, te llevaré
a redimir todos mis pesares,
olvidando mi vanidad te amaré.

Nunca me ignores, tampoco me odies,
te buscaré entre almácigos y rastrojos,
te encontraré y te amaré,
como la dueña de mis amores.

Te quiero, te sigo amando,
por ser la dueña de mi vida,
mi razón de vivir, eterna luz en mi vida,
te sigo queriendo en mi silencio.

Adiós, ruego no me olvides,
ruego a Dios que vuelvas a mí,
para quererte, para amarte,
llevarte en mi corazón si vives.

TODO EMPEZÓ AQUÍ

Todo empezó en aquella estación,
llegaste y me llenaste de ilusión,
mi corazón latió en ese momento,
porque tú llegaste de lejos.

Mi alma, que acabarías
ocupando un lugar
que se encontraba desolado,
escuchaste mis plegarias.

De mi alma triste,
tu hermosura reluciente
ahuyentó nubes grises,
aprendí contigo del amor que te dura.

Aprendí a sembrar el amor que perdura,
hoy cosecho felicidad en tus manos,
mi sueño se cumple estando a tu lado,
desde ese día no duermo ni como,
imaginando tu rostro y tus ojos.

Así llegó el amor a mi ventana,
mi hermosa Nela, mi mujer,
eres magia,
nuestra luz, la que más nos ilumina.

Es Rihanna nuestra hija, nuestro regalo,
que floreciendo nos dice «papá y mamá»,
tu corazón me enseñaste a tocar.

POEMA DEL ALBA

Quiero escribir este poema
con mucho amor y cariño para ti,
los versos más hermosos
los guardaré en mi alma, para ti,
sobre los mansos recuerdos,
hilvanando palabras con amor,
las que fueron escritas allí
en el silencio de mi espíritu,
encallado como barco perdido,
con mis plumas en mano
mi corazón pensando en tu amor,
¿por qué siento pena por ti?,
escribir en mi sueño era pasión,
llorar a escondidas en mi mansión,
callando mi dolor sin que estuvieras,
mientras el olvido se acrecienta,
con tu adiós, que nunca existió
al mirar tus ojos cada mañana,
siento mi corazón desprenderse
sin saber de mis penas más tristes.

MANO BLANCA

Aquella madrugada hermosa,
al mirar tus ojos bonitos,
mi corazón latió, con gritos,
imaginando tu vida piadosa.

Al tomar tu mano blanca,
sentí recorrer tu sangre caliente,
en tu mejilla ardiente,
sentí tu corazón llorar en confianza.

Sentí tu alma dentro de mi vida,
aliviando mis penas tristes,
que llorando se hallaba antes,
en tu camino desfavorecido.

MIS PENAS VIENEN DE LEJOS

Yo pude mirar mis penas
desde lejos cabalgar hacia mí,
pude mirar sus ojos escarlata
esconderse como los vientos idos,
bajo la muralla de mi corazón
al mirar los caminos caídos,
mis manos abrazar quisieron
las orquídeas en el fondo del amor,
mis penas volverán a abrir
nuevos surcos en el presente
abrigando el alma sin dolor,
al iniciar las huellas de mi gente,
yo pude mirar a la cara a mis penas,
en sus manos acariciar la alegría,
sin saber cómo, termina mi agonía
en el silencio de mis lejanías,
pude mirar con alegría mis penas,
pero caí bajo sus deseos y encantos,
como un soldado herido
en aquella guerra del amor,
perdí con todo mi esplendor
mis ilusiones y esperanzas,
caí en tus garras, pena mía.

MI INSPIRACIÓN

Desde que te conocí
eres la fuente de mi inspiración,
el recóndito de mi sueño,
almohada blanda en mi ensueño,
caricia divina en mi vida entera,
eres la luz mágica que ilumina,
bajo las estrellas incandescentes
por mi diario recorrido,
eres la alegría que buscaba,
junto a los trigales, versaba
mi dulce canto de lacustre,
admirando el horizonte
comprendí que te quería,
solo para mí, esposa mía,
zarpaba, buscando tu tierno amor,
en mis brazos no estabas,
no estarás abrigando mi amor,
al despertar de mis sueños
imaginé quererte templadita,
junto al brasero, mi amor pegadita,
de tus labios un beso robé,
de tu alma solitaria, un lamento

quizá quería volver a tu quebranto,
mi tenaz osadía
para oprimir mi llanto,
mis plegarias, mi sufrimiento,
desglosando mis ilusiones,
en tu ostentosa vida pasajera,
quiero amarte como aquel día,
junto a los árboles rodeados de paz,
confundiendo tu voz
con el canto de las aves matinales,
observando el manantial
en sus aguas tiernas y tranquilas,
observar tu hermoso rostro
en el reflejo de las aguas cristalinas,
que albergan en su silencio
el diagrama del amor, de Cupido,
nos invita a seguir felices
en la senda del amor bendecido.

MORAL DEL ESPÍRITU

Te miro por la ventana
llegar en tu auto blanco,
tan hermosa como la luna,
imagino que vienes cansada
de trabajar incesante,
tus pasos afanosos se sumergen,
por las escaleras de aquel recinto,
tu alegría contagiante, lo siento
aquí dentro de mi esplendor,
quisiera amilanar aquel dolor
de tu agonía y tu cansancio,
y así comprender tu silencio,
para calmar tu fatiga quiero invitarte
a beber una cerveza que te refresque
el alma, que tus ojos brillan al mirarme,
siento tu alegría en tu rostro angelical,
te pondré una música suavecita
para levantar la moral de tu espíritu.

MADRE MÍA

En Los Olivos te encuentras,
madre mía, esperando
que regrese a tu lado,
cuánto te extraño, madre mía.

En mis horas, solitarias
por la ausencia tan distante,
mi alma llora augurando
tu alegría, tu sonrisa.

Nunca podré olvidarte,
por llevar la sangre tuya,
que recorre mis venas
avivando mi alegría
en el Día de la Madre.

En este día tan especial
he venido a saludarte,
por el Día de la Madre,
he traído muchas flores
para adornar tu corazón.

Por tu día, madrecita,
bailaremos cantares junto a ti,
todos juntos con tus hijos,
por ser el Día de la Madre.

HIJO DEL OLVIDO SOY

Hijo del olvido soy,
hijo de la mentira
y la desesperación,
¡son mis hermanitos!

De sus silencios, los brillos
constelados tristeza, sin consuelo
acompasan el pasado oscuro,
junto a la Luna Madre
mis lamentos en llanto
se encuentran tiritando.

Tristes y muy tristes
porque no estoy con ellos,
porque no estoy para consolarlos
de sus tristezas en el amanecer.

Se apaga lentamente
el esplendor de sus brillos,
cuando el crespón del Padre Sol
remiende el alba con su luz,
para abrigar y consolar
la tristeza de mis hermanitos.

Hijo del olvido soy,
hijo de la mentira,
quizá ahora tengo la barba blanca.

Y los cabellos blancos,
como la hermosa blanca nube
que bordea lentamente
el crespón del olvido y la nostalgia.

TUS BESOS

Sentado sobre un madero,
mis penas cantan tu nombre,
espero y pronuncio un «te quiero»
por los besos que te asombran.

En aquel lugar mi vida es pasajera,
donde espero los días de primavera,
para traerte flores nuevas
y adornar tu corazón con mucho amor.

Sentado sobre este madero viejo,
voy contando los años vividos contigo,
acariciando la vida, acariciando el amor
que nos regala Dios todos los días.

Es aquí, quiero amarte,
junto a las flores hermosas admirarte,
probar el sabor de tus besos
bebiendo el néctar de tu pasión.

CUÁNTO DUELE TU ADIÓS

Duele tu adiós porque te amo,
mi corazón se desangra lentamente,
el dolor no muy ausente
heridas quiere abrir en mi alma,
cual surco preparado a oscuras.

Ostenta resquebrajarse ausente,
agoniza en silencio seguro,
reviviendo historias de amor
cuando te fuiste, sin lamento,
en las arcas inseguras sin adiós.

Amor, vuelve, si no, moriré sin tu amor,
vuelve, amor, déjame tocar tus manos,
alégrame la mañana con tu sonrisa,
alégrame la mañana con tu hermosura,
déjame soñar contigo sobre tus besos.

Duele tu adiós cuando no estás
para decirte «te amo», como ayer
al abrir las puertas de tu alcoba,
tú no volverás junto a mí,
veo la tristeza fundirse en mi corazón.

RECUERDO DE TU AMOR

Mis sueños no cumplidos
se hallan durmiendo en la oscuridad,
mis esperanzas soñadas,
mis recuerdos iracundos
están gritando mis ilusiones
sin saber que tu alma solitaria
sufriría entre espinos misteriosos,
mientras mi alma gritaba
como místicos llantos
mis plegarias vanas,
pediría en mis oraciones diarias
que de mi lado no te apartes
para auscultar mi vida entera,
al llorar en silencio mi corazón
te enviaré un mensaje
para que nunca me olvides,
mientras vivir pueda por siempre,
y los mensajes enviados por tu amor
mi corazón ostentaba con sus besos,
recuerdo de tu amor puritano,
bajo los helechos lejanos
con certeza pronunciaré tu nombre,
recordando los sueños míos,
allí, bajo los cactus del mirador,
donde juré quererte eternamente.

¡Aquel juramento de amor
hoy se encuentra agonizando!,
bajo los espinos de aquel cactus,
sumergido en la presión de tu desprecio,
mi pobre corazón late herido,
y por quererte escondido,
¡se encuentra prisionero entre los espinos
el dulce amor nuestro!,
observar el pasado sin celos
mis ansias los convierte en anhelos,
están mis plegarias augurando tu amor,
junto al manantial y la fuente
donde bebimos agua buena,
junto a la fuente del manantial cristalino,
mi amor acaecido llora,
grita pidiendo libertad
junto a ese grifo artesano,
mas calmar no pueden mi sed,
de tus labios bebí el néctar del olvido,
en mis manos, revive ausencia,
mis recuerdos al besar tu boca
perciben el néctar que nos evoca.

ALMA HERIDA

Tengo el alma herida
por el amor que se fue,
dejando mi alma sufriendo
entre lágrimas y llantos.

Le pedí que se quedara,
porque sentí paz en su mirada
que pasa y
causa nostalgia,
sé que aún me quiere.

Ella se fue de mi lado,
se marchó dejando mi corazón,
que calmar no podrá,
por aquel amor que tanto quise,
mi alma llora por su cariño.

Ojalá no llores tanto por mi amor,
por mi cariño, que tanto te amó,
ojalá no vuelvas llorando
por querer nuevamente mis besos,
ya no estaré para quererte.

MIS SUSPIROS

Quiero quitarme el clavo
que se introdujo en mis pies
al caminar por tus lares
y me hiere el alma.

Quitarme quiero el dolor
que causa pena, sin pasión
en el quebranto de mi desilusión,
al sufrir solo por tu amor.

Quitarme quiero este sufrimiento,
y reír por disimular este dolor
que llevo en el alma destrozado
sobre las puertas de mi resentimiento.

Tus ojos lindos llorando
ahogan la rabia del dolor perdido,
entre mis esperanzas perdidas
suspirando devengan el pasado.

DARDO ARDIENTE

Tormentos y penas
cabalgan por la vida,
bajo llantos y lágrimas
me rodean nostalgias,
tormentosas en mi vida.

Observando a mi alrededor
busco atención,
¡y no hallo ninguna noticia
de tu hermosa creación
que complica mi conciencia!

Muchas penas y nostalgias
invaden mis vivencias
al imaginar que estás sufriendo,
por mi mal proceder,
perdón te pido, amor,
por hacerte sufrir sin compasión.

Cómo podré mirar tus ojos
cuando apenas puedo sentir
el reflejo de tu mirada
en las arcas de la luna caída,
porque tu llanto humedece
los recuerdos de aquel dolor,
que en tu pecho quedaron
mis esperanzas soñadas,
mis recuerdos idos,
por tu amor luchará sin piedad,
quedaron escritos mis recuerdos
en lo profundo de tu corazón,
así nunca olvidarás el inicio de este amor,
que nació y creció junto a nosotros,
quedó grabado como el ardiente dardo.

LOS RECUERDOS

Los recuerdos de aquel día
los dejo en tus manos,
espero que los cuides
y los guardes en tu corazón.

Para saber que me quisiste,
dejaré abierta la puerta de mi alma,
para recibirte en mi corazón
y así comprender que me querías.

Si algún día lloraras por mi amor
mirando aquella foto del recuerdo,
será porque me quisiste tanto,
aunque negando lo aceptes.

Si mis recuerdos quedaron
enterrados en tu olvido,
será porque nunca me has querido,
porque fingías amarme en tu sermón.

TU LINDO CORAZÓN

Déjame vivir con el recuerdo de tus besos,
déjame vivir acariciando
tu hermosura, para abrigarme
con el calor de tu pecho,
para seguir creyendo en tu amor
cuando llegue la aurora
a la puerta de tu pecho.

Mi alma comprenderá
que tu amor nació solo para mí,
dentro de mi corazón,
que tanto te ama.

Déjame vivir con el recuerdo más preciado
de tu hermosa ternura,
que un día me regalaste
junto a las flores más hermosas.

Déjame quererte, amor,
con el calor inmenso de mi vida,
que sabrá comprender
este corazón enamorado.

Déjame quererte con ternura,
déjame vivir con tu hermosura,
hasta morirme tendido
en tus lindos brazos.

GUARDARÉ TU NOMBRE

Qué nos separó en la vida
para hallarnos llorando,
lejos de nuestra familia,
lejos de nuestra casita,
que construimos juntos,
solo recuerdos auguran,
y las penas tristes queman.

Qué nos separó en la vida
para hallarnos distantes,
sin que pudiera tocarte,
sin que pudiera besarte
en aquellos labios hermosos,
que tanta pena me causan
al recordar que no vienes,
para tocar tu rostro,
como aquel día en verano,
junto a las playas y las brisas
tocar tus hermosas manos blancas,
las que yo miraba con ansias,
porque te amo tanto, tanto.

¡Espérame, amor, espérame!,
mientras guardo tu nombre
bajo las pencas grabado,
con mis manos temblorosas,
para no olvidar este día angustioso,
y recordar por siempre
el inicio de este amor tan hermoso,
quizá con el tiempo se halle tiritando,
junto a las estrellas solitarias,
nuestro amor tierno y sincero.
¡Amor, regálame la coraza de tu corazón
para no derramar lágrimas sin razón!,
regálame la alegría de tus ojos,
para llevarte presente
donde me encuentre.

LÁGRIMAS

Con tristeza en mi corazón
recuerdo tu dulce amor,
junto a las rosas de mi jardín,
tus labios besar he podido
olvidándome tristezas,
regué con mis lágrimas tu camino,
lágrimas que brotaron de mis ojos,
quizá, al sentir la tierra húmeda,
te des cuenta de que caminé por ahí,
y sientas en tu corazón mis penas,
al abrirse las heridas, profundas,
en tu hermoso corazón,
comprenderás el dolor de mi amor
que ayer dejé en tu pecho
mientras dormías sobre tu almohada,
de aquella vieja habitación
donde quedaron mis huellas
esparcidas, en la franja de tu corazón,
las promesas de amor
que llorando está en silencio,
entre las sábanas de tu cama,
guardan nuestros secretos
encaramados al desván,
quizá al volver algún día
busque refugio en tu pecho
y aliento en tus besos tiernos,

pequeña paloma mensajera,
en tu belleza el premio es ajeno,
quien sueñe con tu mirada
será mi corazón que te ama,
y al despertar gritaste
mi nombre con dolor y sufrimiento,
pagando estoy mis lamentos
y la desidia de mis engaños el olvido,
con tristeza llora mi corazón,
grita tu nombre en silencio
queriendo volver a ti, mi dulce amor,
¡no encuentro paz interna sin ti!,
falta me hace tu compañía,
mis sueños se hallan vacíos sin tu amor,
quiero entender el dolor de mi corazón,
imaginando tu hermoso rostro
que tanto quiero en mis deseos,
mi corazón llora y llora
porque tú me haces falta.

EN AQUELLA ESQUINA

En aquella esquina del encuentro,
yo te esperaba flores en mano,
por quererte, por amarte,
¡pero tú nunca nunca llegaste
a nuestra cita, paloma ingrata!

Mi corazón hecho pedazos
te busca en mis lamentos,
mi desesperación se ahoga
por querer verte,
pero tú nunca llegaste.

¿Qué ha pasado, cariño mío?,
¿por qué no sales a saludarme
y a aliviar mi desesperación
para consolar mi corazón?

Que está llorando por tu amor,
este amor mío te pertenece,
con tu ausencia se irá apagando
la lumbre encendida en mi corazón.

NO TENGO REMEDIO

Me encuentro sentado
con un ansia de tristeza
bebiendo, en un bar,
por olvidar mis penas
y tu hermoso rostro.

No tengo remedio,
estoy perdido por tu amor,
no tengo noches ni día
que deje de pensar en ti.

Las penas cercenan mi alma,
llevo el corazón destrozado,
mi amor se halla agonizando,
por tanto llorar de pena sin calma.

VOLVÍ NUEVAMENTE

A mi hogar volví nuevamente,
salí de aquella buscando horizonte
para alegrar a mis hijos,
fueron iguales de tormentosas,
aquellos sufrimientos muy lejos,
al recordar parten mi alma en pena
al recordar a mis queridos hijos,
las lágrimas enjuagan mi rostro,
son mis penas compañera y amiga,
hostigan mi alma en sufrimiento,
los recuerdos vuelven a mí
en alegrías y risas de los míos,
mis hijos, consuelo abnegado
de mi eterno sentir bien ganado.

MENTIRA SIN AMOR

Mi amor se acaba lentamente
al no existir amor en tu mirada
como aquel día cuando te amaba,
solo agonías quedaron de tu amor.

Tu amor se terminó, qué pena,
¿qué pasó entre nosotros?,
la desidia de la vida sin rastros,
¡puede mi alma presumir de alegría!

Pero no existe tanta hidalguía,
entre horas sin sustento
hay tragedias escondidas en tu alma
que afloran en nuestras vidas.

Todo es silencio como el odio,
la vida cría mentiras sin amor,
nos separa y nos divide sin miedo,
en caminos desiguales al cielo.

De tus manos vuela el terciopelo,
el amor no se va lentamente
por caminos mojados con tu lágrima,
solo tristezas afloran de tu alma.

POR TU HERMOSURA

En la salida de Socuéllamos,
¡yo te amé!, ¡yo te quería!,
¡por tu hermosura,
comprendí que serías para mí!

Mi compañera inseparable,
por tu cariño y amor deseable,
mi corazón te entregué,
por tus hermosos ojos,
socuellamina de mis amores.

¡Cómo olvidarte! ¡Cómo dejarte!
¡Si aún te amo!, alma de mi alma,
vida de mi vida entera,
volveré por más lejos que esté.

Llegando a Madrid yo te extrañaba
recordando tus lindos besos,
que un día me diste bajo los olivos,
hermosa socuellamina de mis amores.

TU AUSENCIA

De tu mirada, me acuerdo,
aquel día al partir en silencio,
mi recuerdo mustio falleció,
de pena y dolor siempre pierdo.

Serán tus labios que no besé,
tus manos que no toqué,
en las que tu dolor no sentí,
en el umbral taciturno de tu adiós.

Ahí penando están mis ojos,
del dolor que tu amor dejó
sus pesares sin antojo,
en tu mirada tierna los despojos.

Encumbrados del quisquilleo,
las luces del alma lloran,
¡bajo los inhóspitos lares!
tus caminos escogidos en trineo.

CORAZÓN ADOLORIDO

Espero que vuelvas, amor,
y calmar mi sed de clamor
cuando mis labios toquen
tu alma al besar tus manos.

Tus labios, conjuro de besos,
sentirán el calor al palpitar
en mi tierno corazón enamorado,
quiero ser el remedio valorado.

Cuando llegue la primavera,
los paisajes podrán vestirse de flores,
en víspera de tomar tus manos
sobre mi corazón enamorado.

Esperando que vuelvas a mi lado,
mientras duermo soñando
amanecer contigo para amarte,
vivir la vida hermosa junto a ti.

¡Quisiera volver a tenerte cerca!,
¡acariciar la vida contigo con pasión!,
divisar el amanecer con ilusión
acurrucados junto a la comarca.

¡Cuando nacen los relámpagos,
al mirar tu rostro recordaré tus besos,
recordaré mis lágrimas caídas,
cuando estoy enamorado de ti!

Al recordar aquel día que partí,
en mi corazón me llevo tu amor,
para tenerte siempre junto a mí
cuando estemos distantes.

Con nostalgia, recordaré tu amor,
mi alma tranquilidad no tendrá,
por tu belleza que eligió mi amor
soñaré contigo todos los días.

OJOS BONITOS

De tus besos disfruto,
¡amorcito de mi vida!,
días y noches contigo,
¡acariciando la vida
en tus ojos!, y yo miro
la dulzura de esta vida.

El cariño que tengo,
es bonita y hermosa,
en tus ojos bonitos
voy mirando las estrellas,
junto a la Madre Luna,
¡yo las cuido!

De tus besos disfruto,
amorcito de mi vida,
en tus labios dulces,
el néctar trémulo de amor.

NADA SERÁ IGUAL

¡Qué será si te vas de mi lado!,
¡ya nada será igual como antes!,
al despertar hallaréis soledad,
ni los desayunos ni las comidas
serán iguales sobre mi mesa,
¡porque me harán falta tus risas!
¡Tu alegría! ¡Tu voz es sublime!
Aquella belleza que ostentaba
felicidad y alegría junto a mí,
¡esas que complementan conmigo!,
¡qué será si te vas de mi lado!,
lejos de mis recuerdos, lejos de mí,
¡dejarás un vacío en mi corazón!,
tristeza en mi alma, pena en mi vida,
nada será igual como antes,
penas, angustias serán mis compañeras,
¡porque el amor nos unió!,
terminó en tu corazón
que tanto amé,
¡te alejas de mi lado, para nunca volver!

SOBRE ORQUÍDEAS

¡Camino, y me resisto a la vida!,
me resisto al sufrimiento,
¡al cóctel oculto de tu querer!,
me resisto a la huella de la bestia,
al trémulo odio equivocado.

Camino sin vida sobre tu adiós,
me resisto sin piedad a los líos,
busco el néctar de tus besos,
quiero calmar mi sed en tus delicias,
junto al manantial mis ansias.

¡Mis sueños surcan el pasado!,
entre llantos tus manos atadas,
¡sobre orquídeas caes vestida
bajo el estruendo audaz de tu vida!

Vivo recordando el ayer, apenado,
sobre el río seco buscando agua,
que no podré beber de tu boca
porque el olvido siempre provoca.

CANTO DE DESPEDIDA

Qué angustia y soledad,
tristeza sin calma ni verdad,
entre almácigos sin planta
los recuerdos huyen,
cuando canto tu despedida,
con tu voz muy parecida,
el néctar de tus besos dulces,
quiero desprender suspiros a veces,
entre las noches de angustia,
la soledad perdura con ansia,
los años pasaron, fuimos testigos
entre silencios y noches mustias,
confundidos al mirar las estrellas,
la luna solitaria busca compañía,
en nuestros corazones fieles
mientras tus ojos me miran,
pudo llegar la luz blanca a tus ojos,
cubriendo el pasado lejano,
mientras el suave aliento caliente,
tus labios vibran al besarme,
¡aún siento el aroma de tu cuerpo!,
cuando sedienta de sueño dormiste,
en mis brazos recostada junto a mi pecho,
en tu rostro observé una hermosa flor,
y la conservaré, en mi pecho,
tu amor sublime para los dos.

SIN TU AMOR

¿Por qué, amor, por qué te vas?,
me dejas solo llorando mi agonía,
recordando tu lindo amor
me estoy muriendo poco a poco,
sin tu amor, sin tu querer,
la vida no existe para mí,
tu amor distante me hace llorar,
¡entre la multitud, al buscar,
no encuentro tus ojos!,
estoy triste y lejos de ti,
de tus caricias, de tus besos,
¡ya no me queda nada!,
esta pesadilla es un martirio,
me está matando, lentamente,
sentado junto a la ventana
observo la calle y oigo tu voz
en otras bocas que no son tuyas,
a veces imagino que volverás,
y al volver a mi vida verás
la letra oscura sobre mi mano,

mis penas negras cinceladas
sobre mi nombre sin perfil,
en el alfabeto de mis sueños,
quizá mi pesadilla sean sueños
para llevarte en mi corazón
mientras duermo, ¡soñando amor!,
anclar tu belleza en mi pecho,
y al despertar, estar satisfecho
de mis sueños aprendidos,
de quererte a escondidas,
en mis plegarias ya no vendrás.

TE BUSCO EN MIS SUEÑOS

Tengo el alma apenada, por ti,
mi vida envuelta en llantos,
mi corazón ahogándose en pena,
en mis recuerdos estás tú,
aquel desayuno amargo
cercenando está mi corazón,
como las piedras, del olvido
soy como el cactus solitario,
que busca tu compañía
junto al manantial sin agua,
desvelándose está mi amor,
mi amor, que comprende mi dolor,
busco incesantes sueños,
busco tus besos para calmar mi sed
mirando aquel barrio lejano,
donde crecí y viví, junto a ti,
los años pasan, sigo creyendo en ti,
recordando los momentos felices
que pasamos junto al árbol
testigo de las travesuras, de la vida,

es mi vida sedentaria que llora, tus
recuerdos ya no volverán
a mis ansias de quererte como ayer,
junto a los ríos revueltos de aguas turbias
que truenan como queriendo decir:
«gracias por venir a mi antillas riberas»,
de alegría chilla por volver
a veros juntos como ayer
acariciando las flores hermosas del jardín,
que al mirarlas se movían de envidia,
por ser tú tan hermosa margarita.

QUISIERA OLVIDAR

¡Cómo quisiera olvidar
aquel amor que terminó!,
cuando más la quería,
ella se fue de mi lado.

Ella se ausentó de mi vida,
ella se fue de mi lado,
nada quedó de su amor,
tristezas y soledad en mi vida.

De su amor nada quedó,
mi corazón llorando está
porque hay penas y tristezas,
por su hermoso amor.

Atormentada está mi vida,
cada instante es una tragedia,
el eclipse prismático que extendía,
su belleza al mirarla sus ojos
se apagaron con su ausencia.

TE AMARÉ

Te amaré, te amaré bajo las nubes
de mis esperanzas soñadas,
que vivirán acariciando tu amor,
que ayer se consumió al amarte.

Mis consuelos y mis esperanzas,
recordando aquel tierno amor
que me diste bajo el eucalipto
desvanecido por tanto amor.

Mis esperanzas renacen,
tu sonrisa y alegría,
mis ilusiones crecen,
por tenerte junto a mí.

Te amo, te amaré,
pequeña luz de mi vida,
bajo la sombra de mi recuerdo,
mientras la vida nos una siempre.

TE LLEVASTE MI CORAZÓN

¡Te llevaste mi corazón!,
me dejaste llorando
agonizante y desesperado,
dejaste mi corazón sin razón.

Qué hizo mi amor para merecer
tu desprecio, maldito amor,
tu olvido desgarra mi corazón,
me hace sufrir sin razón.

Mendigar no quiero tu amor
porque lloraría si te llevas
el amor que te ofrecí
sin saber que sufriría.

Arrancaste mi corazón de mi pecho,
¡agonizo y sufro por quererte!,
los recuerdos invadieron mi lecho,
me quebraron, sin lamentos, el alma.

Perdona si perdí la batalla,
te llevaste mi corazón,
no seré el mismo que calla,
tampoco lloraré sin razón.

TODO HE PERDIDO

Desde lejos vengo, buscando tu amor,
caminando sin zapatos,
¡heridas me hice en el alma
buscando tu amor!,
todo, todo he perdido,
¡perdí mis esperanzas!,
perdí mis ilusiones,
¡no quiero volver
con las manos vacías!,
quiero volver contigo
porque te quiero, amor,
desde que te conocí
mis penurias se aliviaron,
cuando llegaste a mi hogar,
en las lumbres encendidas
era yo quien ardía de alegría,
en mis noches de soledad
atender los deseos de la luna
era un lío por su brillo taciturna,
mi alegría crecía por ser feliz,
¡amándote con ternura!,
sin desmayar por tu premura.

TU PARTIDA

Cuánto dolor siente mi alma
al verte partir de mi lado
sin dejar huellas, nunca podré
borrar el dolor en mi corazón.

Aunque quisiera negarlo,
nunca podré olvidarte.
¿Por qué? Te quise con el alma,
¡por ser mi primer amor!

Viviré con mis recuerdos
cuando no estés a mi lado,
¡mi llanto seguirá lejos!,
¡llegarán como aire a tu oído!

¡Cuando no estés a mi lado,
recordarás los besos míos
por las mañanas al despertar,
acariciando tu vida entera!

¡Yo ya no estaré contigo,
para decirte que te quiero,
para decirte que te amo!,
lejos de ti estaré llorando.

Quizá queriendo olvidarte,
cerraré las puertas de mi corazón,
¡dejaré sanar las heridas
que dejaste al partir de mi lado!

DIARIO DE UNA MAESTRA

Siento mucha nostalgia
al saber que te marchas
de aquel recinto querido,
de las necesidades hechas,
sin llantos y ecos tristes,
¡que resumo en amistades
vacías y murmullos góticos!,
donde escribí tu nombre
entre rosas cuando no estabas.
¡Tu voz triste llegó pronto
a abrazarnos en un acto!
Al tomar tus manos, maestra,
sentimos tristeza y nostalgia.
Al enterarnos de que te marcharás,
tus alumnos de años pasados
hemos traído flores hermosas
para ti, añorada maestra,
¡imaginamos que en el jardín naciste
para llenarnos de alegría y sabiduría!,
a nuestras almas puras
alimentaste, de experiencia,
sabiduría, amor, alegría,
recordaremos con amor y paciencia
tu dulce voz, que nos hizo cantar
melodías...¡al son del abecedario!,
no hemos de olvidar por siempre.

MIS SUEÑOS

Mis sueños inolvidables,
¡aquellos que recuerdo
cuando tú no estás aquí
alegrando mis ilusiones,
mis esperanzas, mis sueños!
¡Tu sonrisa matinal inolvidable!,
tu hermosura reluciente,
las que acariciaban mi alma
con tus manos de doncella,
con tu alma extendida
a los trigales de mi vida.
¡Mis sueños inolvidables
lideran mis deseos de amarte!,
como aquellos momentos
cuando te conocí en la estación
y miré la belleza de tus ojos,
tu sonrisa que me enamoró,
de acariciar la vida junto a ti,
escribo mi inocente recado,
vivo soñando despierto,
acariciando tus manos blancas,
acariciar tu suave rostro,

¡besar tus labios hermosos
para sentir el dulce néctar
mientras toco tu alma en un beso!,
sentir cerca tu corazón,
al acariciar tu cabello, sueño contigo,
¡que te amo aún más!,
sentir el aroma de tu cuerpo hermoso
cuando llegas y me entregas los pétalos
de tu hermosura que está en reposo.

DÉJAME QUERERTE

He vuelto a tu corazón,
déjame amarte como ayer,
deja que mi vida sea tuya,
déjame quererte con pasión
aunque la vida duela, ¡sufrir
cuando tú no estás aquí!,
déjame mirar tus ojos,
déjame el aroma de tus labios
en el beso que me des al llegar
para sentir el latido de tu corazón
al tocar mis labios con pasión,
déjame vivir con ilusión
al llegar a la puerta de tu corazón,
¡que vivir no quiero sin razón
si las vicisitudes engañan al amor!,
déjame sentir el sabor de tu amor
cuando llegue la madrugada
y toque la libido de tu pureza,
cuando tu alma se una a la mía,
en pasión sublime mi condominio,
quiero tocar tu corazón ardiente
en las entrañas de tus presagios,
para vivir como los relámpagos,
¡auscultando tu vida entera!

MI MANANTIAL

¡Mis sueños hechos reales
estallaron en alegría
al mirar aquel manantial
encumbrado sobre las cascadas!
Aquella mañana triste y fría
se convirtió en alegría total
al escuchar las dianas de las aves
salvajes, puritanas y puntuales,
que ensalzan con sus altos
acompasando el chasquido del alba.
En las enmarañadas cascadas,
el agua se estrella entre rocas,
esparciendo niebla tierna
va esculpiendo piedras en corazones,
en las que pondré tu nombre.
En las canteras del río hablador,
allí nace el quisquilleo
de los estudiantes, personajes
de la naturaleza tierna y pura.
Bajo la cascada hermosa
que adorna el acantilado verde,
el espejismo de sus valles
sobre laguna al paso que forma
la corriente de agua viva,
enamorando cual paisaje misterioso
a los viajeros que visitan
su suelo diminuto y sus valles.

YA NO VOLVERÉ

Cuando oigas los suspiros
de tu corazón, no llores
pensando en mi amor,
que ya se fue de tu lado.

No llores, tampoco sufras,
recordando mis besos,
¡porque ya no estoy aquí
acariciando tu rostro dolido!

No sufras porque ya no volveré
a tomar tus manos como ayer,
mientras dormías y suspirabas,
¡quizás soñando con mi amor!

Cuando oigas mi voz lejana,
no llores, mujer, por favor te pido,
¡no derrames lágrimas
por aquel amor que se fue!

EL SILENCIO DE MI VIDA

¡Bajo los álamos grises,
te confesé mi amor!,
¡al besar tus labios dulces,
toqué tu alma pura y sublime!,
en el silencio de mi vida,
tu hermosura alivió mi amor,
del que vivo enamorado,
¡no sé cómo olvidar tus besos!,
en la mesura de mi existir
siempre vuelves al presente,
¡cómo olvidar tus lindos ojos!,
tu hermosura y tus travesuras
que de alegrías llenan mi vida
mientras caminas junto a mí,
en aquel lugar del jardín hermoso
donde existían tantas flores
la más bella y hermosa eras tú,
¡allí comprendí que serías mi mujer!,
mujer que acompañe mi vida por siempre,
en las noches y mañanas,
primaverales las flores,
siempre alegres y triviales,

¡alegran y embellecen el paisaje!,
es así que sentirte junto a mí es hermoso,
sentirte acurrucada junto a mi pecho,
mis amaneceres siempre contigo,
acariciando la vida juntos,
mientras adornas los rincones de mi alma,
al despertar acariciar tu rostro,
besar tus labios dulces con pasión,
dulces como el néctar de las flores,
¡que de placer me llena amarte,
alma rendida a mis placeres!,
para cruzar el laberinto de la vida,
juntos bajo la sombra del álamo,
mirando horizontes lejanos por ir,
soñar con nuevas mañanas,
orgulloso de ti, y mis ojos
divisando los continentes nuevos
por caminar, tomados de la mano,
y construir nuestro hogar,
por los hijos que tendremos.

BAJO LA NOCHE

¡Por la noche estrellada,
bajo el verano ardiente,
juramos amarnos eternamente
junto a los álamos verdes!

Saboreando el néctar
del amor puro y sincero,
juntar flores con mi mano,
para traerte, muy temprano.

Traerte a diario sin descansar,
para adornar tu corazón
y verte hermosa por siempre,
¡así sabrás que te quiero!

Nunca podré olvidarte
y tú nunca podrás negarlo,
tampoco olvidarme,
porque nos queremos.

¡Somos dos tórtolos que nos queremos,
como aquel día en verano,
nuestro amor fue creciendo
y nadie podrá separarnos por amarnos!

VUELVEN LAS PENAS

Volvieron las penas a mí
cuando apenas abría mis ojos,
los recuerdos envueltos
en las servilletas revueltas.
¡Mis recuerdos acaecidos
gritan dolores sublimados,
bajo la sombra, escondida,
de tu alma solitaria a medida!
Mis reflejos y mis infortunios
reclaman tu presencia a diario,
para seguir amando
y olvidar viejos amores,
que curen la vida sin temores,
que alcen las manos firmes,
para mitigar el dolor que siente
mi alma encadenada al olvido,
y las cuerdas castillejas
de las noches mestizas y calladas.
Te oprimen manchas apacibles,
¿por qué no existe en la vida
remedio que cure mi dolor?

LA TRISTEZA

Estoy solo pensando en ti,
sentado sobre una silla
de aquella terraza triste,
me miro al espejo,
¡y veo la tristeza en mis ojos!
Han aumentado las arrugas
de mi frente por los años
vividos en la desesperación
y la tristeza que consume mi alma,
el llanto sombrío
emerge de mi alma, mudo,
cortejando el silencio
mi sufrimiento habido,
de mis nostalgias el ocio
cautiva prímulas gélidas
en mis noches de vela
imaginando tu rostro,
pintado en mi soledad,
mi triste realidad,
capriccioso e hidalgo.

MI TRISTEZA COMO AYER

Mi alma se congela de frío
al mirar el pasado bajo el río,
sentado sobre la piedra azul
de aquella tarde lejana sin luz.

Ya no tengo tristeza como ayer,
al pasar por tu calle siento el aroma
del pasado y vuelvo a tus calles,
recordando mis pasos sobre la arena.

Escribo tu nombre junto al rosal,
siento en mis manos pétalos caídos,
centelleando mis penas, perdidos,
¡mis versos están sumergidos en pena!

Causa nostalgia en mi condena,
sobre el adiós, no escuchado,
el olvido se suma como la calumnia,
a mis azares mis sueños en ansia.

Se oprimen al no saber si has llegado,
¡sentada junto al río seco!,
imagino con ironía tus labios,
y vuelvo mis ojos a los caminos.

QUISIERA VOLVER A TI

¡Cuánto quisiera volver a ti
para quererte toda la vida!,
¿dónde te has ido, cariño mío?
¡Te extraño en nuestro nido!

Montañas y valles he caminado
imaginando tu bello rostro,
¡he preguntado a las gaviotas
si habías pasado por estos lares!

Y las gaviotas aún me dicen
que no has pasado por estos lares,
por las quebradas de La Rioja
yo te quería, cariño mío.

Por las quebradas de Logroño
yo te amaba, riojana,
en Valdegastea, junto al río,
yo te entregué mi corazón.

QUIERO VIVIR JUNTO A TI

Quiero vivir junto a ti,
como el agua vive del río,
quiero vivir junto al cielo,
observar tus movimientos,
quiero vivir junto a ti,
como el aire que respiras,
para saber tus penas
y el dolor que siente tu alma,
quiero vivir junto a ti,
como la luz que te ilumina,
para mirar tus ojos lindos
cuando vuelva a aquel jardín,
exhalando suspiros, exclamas
presumiendo tu hermosura,
¡qué hermosa es la vida!,
quiero vivir junto a ti,
para amarte con mucho amor,
para saber de tu corazón,
de tus sufrimientos y penas,
de tus alegrías y de tus triunfos,
quiero vivir junto a ti,
para cuidar de ti y amarte como soñé,
suspirar junto a ti, ¡amada mía!,
¡qué hermosa es la vida junto a ti!

ALMA PERDIDA

Mi alma pegada a la tuya
se consume como el hielo,
porque siente el calor
de tu hermoso corazón.

Mi amor te reclama a escondidas,
porque sabe que aún me amas,
y tu maravilloso amor es dueño
y la insignia infinita de mis días.

Mi corazón dueño quiere ser
de tu hermosura y vida entera,
para embriagarme en tus labios
con los besos de aquel amanecer.

Mis esperanzas quieren llegar
a tu corazón mientras duermes,
¡y al despertar me esperes
en la puerta de tu casa!

Llegaré con el calor de mi alma viva,
llegaré con los ramilletes de flores,
para envolverte en el calor de mi pecho,
para llevar amor y ternura a tu lecho.

AL AMANECER

Amor, bésame para sentir
tus labios sobre mi alma,
¡tócame con tus deseos al irte
para quererte siempre!,
mientras dure tu ausencia,
sentir el aroma de tus labios,
recordando tus caricias
para vivir y desearte siempre.
¡Déjame el sabor de tus besos
para sentir el aroma de tu cuerpo,
para recordarte cuando te vayas,
caminando por las calles lejanas,
y vuelvas a la orilla del mar
respirando el aire con olor a brisas!
¡Quizá pueda sentir tu lejana ausencia
recordando tu amor sobre las brisas
y el viento toque mi rostro agónico,
así sabré que volviste ligeramente
al enterarte de que escribía tu nombre
sobre la arena mojada por mis lágrimas,
caídas por tu amor!

En aquellas playas solitarias,
llenas de algas y torrentes brisas,
alterarse podrán las olas,
de tus ojos bonitos me acordaré,
de tu belleza, de tu candidez,
de tu corazón aún seré dueño
para amarte sin desengaño,
podrás compartir tu alma,
así llenar mi historia con ilusión,
porque sigo enamorado con pasión.
¡Volveré sediento de amor
cuando llegues a mis brazos,
tu belleza pintará mi camino,
mi corazón sanará su dolor
con tus besos y amor sublime!

ERES MÍA CADA DÍA

Apenas abro los ojos te busco,
miro tu rostro y me encanto de ti,
saber que eres mía, en mi agonía,
es un sueño divino cada día.

Al tenerte cerca de mi corazón,
mis sueños no cumplidos ayer
los cumplí contigo, amor mío,
¡levantarme contigo con alegría!

¡Elevar mi corazón a los cielos
para encontrarme con las estrellas,
junto a tu corazón que tanto quiero,
para sumergirme en tus desvelos!

Albergando tu amor en mi corazón,
sediento de placer llego a tu alcoba.
¡Abrazo el silencio en mi desengaño
mientras miro tu bello rostro!

La luz que brilla en el interior
es la belleza de tu abnegación,
que encierra mi desilusión
en mi fe estable y superior.

SEGUIMOS JUNTOS

Ya han pasado muchos años,
¡aún seguimos juntos!,
a la vera de nuestras vidas,
el amor va creciendo como las flores.

¡Ve que tenemos una hija!,
se nos hace señorita.
¡Yo las quiero enteritas
por ser dueñas de mi vida!

Yo diseño mis halagos,
a ti, mi amor, ¡esposa mía!
¡Este día 26 nunca lo olvidaré
por ser el día que naciste!

Ya vendrán los jilgueros
a cantar en tu puerta
los saludos en serenata
por tu natalicio, esposa mía.

TU HERMOSURA

Recuerdo con tanto amor
aquel día que te conocí,
recuerdo tanto, tanto
aquel día que nos conocimos,
junto a la estación
de aquel pueblo lejano,
al mirar tus ojos lindos,
me quedé prendado
de tu hermosura jovial
y tus ojos de lucero,
linda morenita de mi vida.
¡Desde aquel día
te llevo aquí conmigo!,
¡esté donde esté
te llevaré conmigo!,
los buenos días y los momentos
que nunca se olvidan
viven siempre con nosotros
llenando pasiones consigo,
para seguir amándote,
con mucha ternura, vida mía.

TRISTEZA DE MI CALLE

Triste y solitario me encuentro
en las franjas frías de mi habitación,
¡miro la calle, por intuición!,
¡abro la persiana del quebranto!

Calle solitarias sin ruido alguno,
diviso puertas y ventanas cerradas,
perros aullando lejos por turno,
los crespos del alba acaecidos.

Siento más tristeza, miedo alguno,
porque siento dolores parecidos,
que no se escuchan voces ninguna,
las tristezas están crespadas.

Mi cuerpo sin fuerzas es peregrino
en las calles mustias y desoladas,
cuando el silencio despierte
mi alma llorará su destino.

MIS DESEOS

Junto al mar donde las brisas vienen,
mis deseos de amarte vuelven
como los relámpagos, las brisas
susurrándome a los oídos:
¡Te quiero, amor!
Me levanto con sonrisas,
siento tu voz, junto a los recodos,
la nostalgia perdida,
mi ánimo cae bajo las olas,
se oprimen en dolor, ¡tu despedida!,
las notas de aquella música vuelven,
encallando a mis laureles
mis sentimientos se ahogan
en playas lejanas sin auxilio,
como los barcos perdidos,
sin horizonte y mareas,
vuelve el eco de tu voz sublime
a mi oído sin timbre posible,
mi amor, mis deseos
no guardan tus besos,

como aquellos en el nuevo bar
cuando llegaste a mi corazón
con tu hermosura reluciente,
mi alegría emerge muy decente
junto al cristal de tu semblanza,
la transparencia de tus ojos azules,
son muy lejanos los recuerdos
del amor inverosímil que vivimos,
mi amor, sin tragedia ni desesperación,
reclama tu inocente querer,
para sobrevivir en la quiniela
de la vida diaria que nos toca vivir.

LLEGASTE A MI CORAZÓN

Has llegado a mi vida
como el aire que respiro,
alimenta mi vida
al no pronunciarse,
que sigues siendo mía,
¡mujer que amé ayer!,
junto a las flores
de primavera ardiente,
llegaste a mi corazón,
como el agua que corre
y calma mi sed de amor,
llegaste a mi vida,
heriste mis ilusiones
con tu encanto y hermosura,
¡vuelves a dejar tus pasiones
en el fondo de mi alma,
que gritando augura!,
como el quisquilleo
entre tu piel y el mío,
tus labios piden ser míos,
cuando tus besos húmedos
se ahogan en pasión,
mi corazón te ama, mucho más,
¡con dolor en mis quebrantos,
mi voz silenciosa termina en llantos!

EL CANTO DE MI AMOR

Mi amor es el recuerdo añorado,
mi amor es un canto de ayer,
que se oye en las dianas de las aves,
junto a los ríos y riachuelos,
confundidos se encuentran,
para unir sus aguas cristalinas,
como las avecillas, entre los retamales,
mi voz convertida en melodías
pide que se escuche el latido de tu corazón,
como los cantos que entona mi alma,
mientras caminas con pasión
entre las montañas divinas.
¡Seré yo el aire que respiras!,
¡seré yo el viento que besa tus labios!,
acompasar tu voz cuando cantas
entre silencios y trinares del alba,
junto a las avecillas, alegres en el cielo,
esperar noticias de tu amor,
cuando canta tu corazón,
en el sendero de la vida eterna,
¡vuelvas a mí, con el calor de tu corazón!

ALMA TRISTE

Una tarde llegué a encontrarte aquí,
en el cogollo de mi alma triste,
en los recuerdos nostálgicos,
rebusqué en los rincones de mi pecho,
¡recordé los besos que te di!,
¡recordé la tristeza de tus ojos!,
así llegué a descubrir la grandeza
de tu corazón y alma entera,
¡descubrí los días que te conocí!,
los momentos en que me enamoré
de tu belleza, de tu sonrisa,
de tus ojos, y de tu forma de ser,
¡me enamoré de la grandeza de tu corazón!,
me enamoré de tu belleza,
¡recuerdo con amor los besos que te di
bajo la sombra de los sauces verdes!,
al mirar tus ojos miraba el cielo azul,
miraba la belleza de tu corazón,
al tomar tus manos acariciaba tu alma,
¡cómo olvidar los hermosos momentos!,
¿qué pasa contigo, dulce amor?,
¡estás lejos, no sé nada de ti!,
ojalá pudiera decirte nuevamente:
¡Te amo, mi cielo!

YO SOY TU COMPAÑERO

Yo soy quien mira tus ojos,
yo soy quien adora tus labios,
yo soy quien ama tu silencio,
yo soy quien cuida tus días,
yo soy quien adora tu amor,
yo soy quien camina junto a ti,
yo soy tu compañero incondicional,
quien amanece contigo y te da besos
al despedirse para ir a trabajar,
soy quien piensa en ti cada vez,
en tus hermosos ojos que brillan
junto a mí cuando sé quererte,
yo soy quien sueña contigo a diario,
¡quien se desvela por cuidar de ti!,
soy yo tu héroe, incansable,
en tus tristezas y sufrimientos,
yo soy el silencio que guarda
tus penas y nostalgias perdidas.

TU VOZ SUBLIME

¡Sentado sobre una silla
escucho una canción!,
el reloj gira despacio despacito,
me acuerdo de ti,
en esta canción oigo tu nombre
grabado en letras de marfil,
las que acompañan al son
en melodías que señala mi perfil,
abro la ventana de mi pecho
para escuchar tu voz sublime,
te oigo susurrar que me amas,
¡mis penas y sufrimientos crecen
abordando mi alma nostálgica,
que llora junto a los árboles!,
¡al oír tu hermosa voz sublime,
salgo corriendo a la terraza!,
miro la luz de las estrellas,
tiritando me dicen que es en vano
buscarte en el lugar donde te perdí,

la tristeza me consume más,
miro la hermosa blanca luna,
pido en mis sueños que me abrace
y me lleve donde te encuentres,
porque ya no puedo vivir sin tu amor,
mis ilusiones perdidas se agotan,
bajo la ventana mi llanto agoniza
complaciendo mis lágrimas secas,
mi albedrío y lamentos
cuando no puedo encontrar tu amor
entre mis llantos y mis gritos resecos.

CREÍ SER TU DUEÑO

¡Con inmenso cariño,
te acogí en mi pecho,
te adueñaste de mi vida
para luego hacerme sufrir!
Sabías que te amaba,
sabías que te quería,
en instantes creí ser dueño
de tu hermoso corazón.
Mis sueños, mi vida, mi amor
te entregué con ilusión,
mi querer te entregué con pasión.
¡Sueño con ser tu dueño eterno,
pero me engañaste sin razón,
fingías que me querías!
Te abrí las puertas de mi corazón,
cruel desdicha, sin ilusión,
sembraste en mi comprensión
los sentimientos impuros,
en la crueldad que llevas,
en tu mentirosa alma ríes,
por tu orgullo y vanidad.
¡Bien sabes que te quiero tanto!,
la magia de tus ojos me cautiva,
en mi soledad no te olvido.

DIVINO AMOR

Amor, ¡divino amor!,
tus recuerdos me están matando,
quiero olvidarte, pero no puedo,
porque tu divino amor me mata,
ahogándome muy despacio.
Amor, ¡divino amor!,
eres tú mi aliento en esplendor,
eres tú mi alimento por honor,
eres la luz divina que ilumina
mi camino a la felicidad,
porque calmas mi sed,
¡alegría que calma mis penas!,
eres el aire que alimenta mi alma,
mi razón de vivir en calma,
eres la fuente divina a merced,
sobre el sentimiento de mi espíritu,
tomar tus manos junto a las rosas
es alimentar mi espíritu con ilusión,
apagar mi tristeza en pasión,
amor divino, pasajero,
tu hermosura cautiva mi corazón.

EXTRAÑO AMOR

Socuellamina pretenciosa,
por tus ojitos estoy llorando,
por tu belleza estoy sufriendo,
sin saber cuándo volverás
a tu hermoso nido abandonado,
donde te quise con todo mi amor
bajo las flores de aquel jardín,
tu hermoso rostro quedó grabado,
como tus besos, néctar del amor.
Consumirse no pudieron
porque mi amor creció
cuando la hierbabuena nació
en las crisálidas del perdón.
Cuánto te extraño, mi amor,
mi vida entera no es feliz,
porque tu amor es un desliz,
por amarte sin temor.
Al quererte y seguir de frente
con las mesuras de mi amor,
el jardín nuestro se marchó,
porque tu amor se acabó.

DECIDIÓ MI CORAZÓN

Decidió mi corazón
vivir al aire libre
respirando el fragor
que emana de tu amor
bendecido por Dios,
¡llegar a tu gloria sin líos!,
para seguir amándote
respirando el aire puro,
el que gira sobre el muro.

Como la tormenta en la desesperación,
que nos hace agunizar en sufrimientos de
guarnición,
de almas puritanas sin destino,
van penando por las calles
arrepentidos sin detalles.
vivir quiero como gorriones,
revoloteando cual aviones.

Esperando que regreses,
a mis brazos para amarte

AROMAS DE ROSA

Ayer viví soñando que te amaba,
junto a los álamos caídos,
mis pasos dejé caer perdidos,
porque me haces mucha falta,
en la austeridad de mi soledad,
tu amor diminuto resalta
sobre mi camino lejano,
para vivir soñando, contigo,
sobre la jornada mis manos,
el corcel compañero relincha,
rejoneando sus espuelas,
acicala la cabeza anunciando
su regreso el valiente chalán.
Su regreso a los brazos de su hogar
y su amada inolvidable,
remarcando en su mente
los versos que escribí para ti,
¡aquellas palabras dulces con razón
hilvanar he podido en tu corazón
sobre la ventana de mi alma solitaria
para saber si aún me quieres!

Junto al vendaval de aves,
el árbol que muestra su belleza
perfumado con aromas de rosa
sobre mis labios que desean
beber el néctar del amor puro,
y susurrarte mis versos al oído,
por lo mucho que te amo
necesito alegría, amor y sonrisa,
para seguir amándote, vida mía,
bajo tus ojos bonitos y mis sueños,
iluminas mi camino, ¡cuánto lucero!,
al despertar sonrío, sobre el espejo,
imaginando que estás ahí.

TU SILENCIO ES MI SILENCIO

Mis sueños en tu mirada
cuando te quiero en mi soledad
acariciando tus deseos,
al besar tus labios de esmeralda,
siento que estás aquí amándome,
cuando miro tus ojos bonitos,
la aurora del amanecer es blanca,
con alegrías contagiándose.
El placer de amarte cada día
esperando los días muy felices
mirando el futuro junto a ti,
tu silencio es mi silencio, decrece,
al mirarnos a los ojos, reímos
en mi oscura habitación sin luz.
Cuando mendigo tu amor, exigimos
no caer en el laberinto próximo
de recuerdos que empañan
cercenando mi alma a oscuras,
sobre mi alma solitaria me levanto,
apenas escondía mi lamento,

¡cuando avistaba mi pasado
encontré mi triste corazón cansado!,
en los versos escritos, aquel verano
mis sonetos no firmaron nada,
los compromisos quedaron en vano
en las orillas de aquel manso río
que se llevó mis plegarias vivas
tornando correntadas en mis llantos,
mis recuerdos abnegados,
cual aguacero lágrimas caídas,
al pronunciar tu nombre
mi llanto es la desilusión de siempre.

ASÍ TE CONOCÍ

Te conocí en una estación,
te miré y me enamoré de ti,
solo en unos minutos,
convivir cuatro horas contigo,
en una estación, es ahí
donde nació esta canción.

«Nela, Nela me llamo», me dijiste,
¡mirarte a los ojos
un placer, mi adorada reina!,
«se puede saber a dónde viaja»,
«para Cartagena», me dijiste,
es mi día de suerte al conocerte.

El camino por donde voy
es a Cartagena, amiga mía,
te acompañaré y llevaré
sobre mis manos y mi corazón,
tu hermoso rostro adornaré
con las flores que encuentre,
en el camino a Cartagena,
al sonreír, siempre estabas bonita.

Al mirar esa playa cartaginesa,
las palabras suenan bonitas
cuando miro tus manos blancas,
como las nubes hermosas,
llega alegría a mi esplendor,

junto al bolso el cachorrito
es un lunar, en tus brazos,
por ser negro de nacimiento,
de mi creencia nace mi envidia.

Quiero ser el cachorrito
para sentirme tan abrigado,
estamos en Cartagena,
¡escuché una voz sublime!,
¡qué alegría sentí en mi alma
y en mi estrecho corazón,
que cautivado está hasta ahora
por tu ternura que enamora!

Te pedí el número de móvil
que finaliza en diez,
me olvidé de anotar el cero,
al llamarte te perdí entero,
sufrí tanto por conseguir otra vez
aquel número que termina en diez.

Te busqué, te busqué en La Manga,
te encontré en la playa del Mar Menor,
tan hermosa exhibiendo esa tanga,
y me enamoré de ti para siempre.
El agua del mar aún brilla
halagada bendecida en centella.

TE QUIERO TANTO

¡No puedo olvidarte!,
aunque intenté alejarme,
no puedo olvidarte
porque te llevo aquí dentro,
consumiendo mi alma.
¡No puedo olvidarte!,
porque te quiero tanto,
tu amor me llevo mezclado
en mi sangre que recorre
mis venas oscuras,
luego convertirse en dolor
para llegar a mi corazón adolorido,
¡es aquí donde llegas a mi alma!,
como el agua cristalina
que al beber no puedo olvidarte,
¡porque te quiero tanto!,
porque tu amor calma mi sed,
¡calmas mi dolor y pasión!,
eres la luz que ilumina mi camino,
mi alegría en mis tristezas,
compañera en mi soledad,
tus ansias suspendidas a mi querer
cabalgan junto a mí
en las llanuras referentes,
la inercia de las alturas
es peregrina del amor nativo.

VOLVERÉ A TI

Decías que no te irías lejos
lejos de mí, amada mía,
te fuiste y me dejaste llorando,
¡cual mendigo de amor
te pedí que te quedaras conmigo!,
partiste mi corazón en pedazos,
dejaste tus huellas sin medida,
decías que no te irías de mi lado,
que envejeceríamos juntos.
¿Sabes?, sin ti la vida no existe
porque he perdido todo el amor,
he perdido todo, ya no queda nada,
aquel jardín olvidado se halla seco,
porque no sabe si volveré.
Mientras, las ancas de mi caballo
querrán burlar mi viaje ostentoso,
recordaré tu belleza y querer volver
a tus azares, que tanto me gustaría
tenerte a mi lado, sin separarme de ti,
son tus sueños habidos mi tormento,
¡camino mirando el futuro
mirando el cielo estrellado!,
el universo se vuelve oscuro,
en las hogueras encendidas de tu amor,
siento que algo se rompe en mi corazón,
porque te fuiste lejos de mí.

SUFRIR EN AGONÍA

¡Desde que fuiste mía,
no puedo olvidarte!
De mis amores tú fuiste
la única que partiste,
pasan días, pasan noches,
ya no volveré a verte.

Te llevo en mi pensamiento,
infaltable como el aire puro
que alimenta mi alma,
en todo momento compañera,
alfiler escondido en mi vida entera.

Imagino un amanecer elegante
sin que estés en mi mente,
¡aún callado y diferente,
no he logrado conseguir
desprenderme de tu corazón!

¡Desde que fuiste mía,
te guardé dentro de mi pecho!,
y no puedo desprenderte
por ser tan grande tu letanía,
que se resiste en mi lecho.

Como una herida sin cura
me hace sufrir en agonía,
¡cautivando en silencio mi lejanía!,
amasando mis penas en locura.

Para mi tristeza no hay cura
porque en zozobras mi alma llora,
cuando el sufrimiento atesora,
como un péndulo que perdura.

ME FUI VOLANDO

¡Cual pajarillo me fui volando
por las montañas y valles!
¡Estoy esgrimiendo mi arma en las calles,
cantando trinares revoloteando!

Llegué al manantial entre árboles,
manantial que alimenta mi alma,
distante no estoy, vengo en calma,
viajé tanto recordando tus olores.

Silencio que se apodera reclama
momentos tristes de un adiós,
los que vuelven a los sembríos
por tu ausencia, bella dama.

En tan poco tiempo ruidosas,
soy un pajarillo sin destino,
alzando mi vuelo, canto un trino,
mis plegarias se vuelven vistosas.

QUIERO DE TI EL AMOR

Noches de amor…, no vienes,
¿qué pasado tienes?,
¿qué me encanta de ti?,
doncella de mis ilusiones,
¿dónde te fuiste a dejar penas
con tu tierna mirada de ángel?

Quiero vivir sobre tu destino,
vivir con la vida pendiente
de la luz que brilla en tu camino,
como esa luna triste que murió
anoche en mis brazos sin paz,
¿quizá quería volver a la vida
cuando suspiraba en silencio?

Quiero de tu amor un recuerdo,
que comparta la felicidad habida
cuando te quiero a ti sola,
cuando el beso aflore de tu boca,
el amor con sabor provoca.

¡Dulces pasiones que evocan
sobre las ilusiones que perduran
las mejores oportunidades
cuando llega la primavera loca!

TÚ NO ESTÁS

¡Apenas puedo sentir
tu voz en la aurora
de mi amanecer solitario,
de mi vida austera!
Mientras miro el cielo,
puedo admirar las estrellas
tiritar de frío sobre el firmamento,
será porque tú no estás
aquí junto a mi pecho,
abrigando mis ilusiones
con tus ojos bonitos.
Cuando tú no estás aquí,
mi corazón se ahoga
de pena al escuchar
aquella bonita melodía
que escuchamos juntos
bajo los árboles de aquel parque.
Mis recuerdos vuelven a mí
con tu hermosa sonrisa,
esperando calmar mi pena
miro aquel jardín de flores,
imagino verte sonreír, como ayer,
mientras espero, en silencio,
¡que ya llega… Navidad
a tocar cada puerta!,
¿qué haré yo si tú no estás
sentada junto a mí
para compartir mi cena?,

¡cuento los vasos y el vino!,
que no es de ricos y pobres,
aún sobran en mi mesa,
pero tú no estás aquí.
¡Si queremos compartir,
querría estar junto a mi dulce amor!
Sin importar en cada mesa
hay algo de comer con amor,
sea un pavo o un lechón,
un panetón con chocolate,
quizá nada por compartir,
en nuestro humilde hogar,
es aquí donde te extraño,
de repente en la casa,
sobran recuerdos, sin paz,
llenos de soledad y tristeza,
en honor a Jesús, hijo de Dios,
pero tú no estás para abrazarte,
¡la nostalgia crece en mi hogar
imaginando que sí vendrás
con tus alegrías y sonrisas!
¡Dibujar una noche solemne
en mi triste aposento sin brisas!,
de sentir tu regreso, pondré
en mi tornamesa villancicos
para cantar juntos la Nochebuena.

POR AMARTE TANTO

¡Por amarte tanto,
tus padres no quieren verme!,
acaso es pecado
quererte tanto,
para alejarte de mí,
cadenas te pusieron.

¡Por querernos tanto,
desprecio no merezco!,
prefiero la muerte
en mi cruenta batalla
antes que perderte,
orgullos y vanidades
duran muy poco.

¡Pero mi amor
es muy recordado!,
entre sufrimientos,
penas y angustias,
se hace más fuerte.

El amor profundo
que siento por ti
es mi arma secreta,
que llevo conmigo,
esperar un poco, amor,
es amor de locos,
¡vendré muy pronto
a llevarte conmigo,
lejos muy lejos de aquí,
donde podré amarte
eternamente la dulce vida!

ALGÚN DÍA

En la salida de Socuéllamos
sobre una piedra grabé tu nombre
imaginando tu hermoso rostro,
sabía que algún día volvería
a esperar en aquella esquina,
¡como los jilgueros aquel día
al atardecer silbar de tristeza!,
a las estrellas envié un mensaje,
respirando el aire frío
con aromas de tu pecho,
y no olvidarte mientras vivo,
cuando despierto aún te amo,
te extraño como aquel día,
cuando mi corazón revivía
sería tu amado un día,
cuando mi corazón reviva
como aquel día en primavera,
en la plaza de la Constitución,
renombrar tu nombre,
entre las flores del atrio santo,
a tus manos yo ofrecí
la alianza del amor de Dios,
con la esperanza de vivir,
aquí en Socuellamos.

A mi corazón consentí tu amor,
mirando el cielo azul
camino a Las Mesas,
¡juré nunca dejarte!,
sin embargo, no fue así,
ahora que estoy lejos
recordé tu nombre sobre esa piedra,
me llevo de nuevo el dolor oculto,
por ser pasajero, y culto,
mis tristezas se volvieron revueltas.
En mis azares lejanos
hoy recuerdo tu amor ya perdido,
en mis lejanos sueños.

SIN LLANTO EN EL ALBA

Te conocí ayer y te amé,
nació mi alma sobre tu amor,
mi corazón florecía
al cuidado de tus bellos ojos,
¡tu amor nació en mi corazón!,
de tus frutos un capuchino
con sus brazos surca la vida,
de sus surcos cosecha amor,
para amarnos aún, sin llantos.

Te conocí, me enamoré de ti,
allí en Tomelloso, yo te amé,
entre sus calles yo te encontré
con dulces voces, que cantaré
bajo la noche, el cielo azul
siempre es bello con las estrellas,
aún tiritando de alegría
al pronunciar tu lindo nombre,
tomellosina de mis amores.

Cómo olvidar tus lindos ojos,
tus lindos labios que besé,
junto a los árboles al anochecer
fueron testigos de aquel amor
que escribí en tus entrañas,
en tu inmenso corazón,
heredó el dulce cantar
de este amor que yo sentía.